UN VOYAGE

A

CALAIS, GUINES, ARDRES & ST-OMER

En 1682

EXTRAIT

DU

JOURNAL DE WHITE KENNET

(BRITISH MUSEUM LANSDOWNE MS. 937)

PUBLIÉ ET ANNOTÉ

PAR

C. LANDRIN

JUGE DE PAIX

OFFICIER D'ACADÉMIE

PARIS

ALPHONSE PICARD & FILS, ÉDITEURS

Libraires des Archives Nationales & de la Société de l'École des Chartes

RUE BONAPARTE, 82

1893

UN VOYAGE
A CALAIS, GUINES, ARDRES & ST-OMER
EN 1682

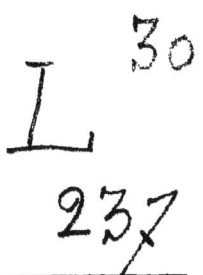

TIRAGE A 150 EXEMPLAIRES

UN VOYAGE

A

CALAIS, GUINES, ARDRES & ST-OMER

En 1682

EXTRAIT

DU

JOURNAL DE WHITE KENNET

(BRITISH MUSEUM LANSDOWNE MS. 937)

PUBLIÉ ET ANNOTÉ

PAR

C. LANDRIN

JUGE DE PAIX

OFFICIER D'ACADÉMIE

PARIS

ALPHONSE PICARD & FILS, ÉDITEURS

Libraires des Archives Nationales & de la Société de l'École des Chartes

Rue Bonaparte, 82

1893

Est-il un passe-temps plus agréable, une diversion plus innocente aux soucis matériels de l'existence, que l'étude scientifique de notre histoire locale, la recherche intelligente de documents qui s'y rapportent? Je ne le crois pas. Cependant bien peu nombreux sont ceux qui partagent ma manière de voir, dans notre Calaisis ! Trop souvent, dans cette fin de siècle, on sourit malicieusement à la qualification d'antiquaire ; on se complaît à le représenter sous les traits du vieux bonhomme de Walter Scott ; on ne voit dans ses curieuses collections qu'une sorte de friperie historique. On accuse assez généralement les archéologues de se passionner pour de petits détails ; on tourne en ridicule cet amour des débris, ce culte de la rouille, cette superstitieuse vénération pour des fragments de pierres, de fer, de cuivre, voire même de parchemin. Combien de fois ne s'est-on pas moqué du savant de province qui envoie à la société académique dont il est le correspondant quelques pages de sa façon sur un bouton, un anneau ou quelque jeton plus ou moins ancien ?

A tout cela je me contenterai de répondre, en empruntant les paroles de Montaigne : « Si quelqu'un me dict que c'est avilir les Muses, de s'en servir seulement de jouet et de passe-temps ; il ne sçait pas comme moy, combien vault le plaisir, le jeu et le passe-temps : à peine que je die toute aultre fin estre ridicule (1) ».

(1) *Essais*, liv. III, ch. 3.

Nous sommes comme cela, dans le Calaisis, une demi-douzaine......... d'obscurs travailleurs qui n'attendons du public aucune rémunération, aucun témoignage de reconnaissance. Avec un zèle libre et désintéressé, nous fouillons, autant qu'il est en notre pouvoir, les archives, les dépôts, les bibliothèques publiques ou privées, sans oublier les profondeurs du sol; nous prenons note des monuments, châteaux, abbayes, ruines dont l'histoire est encore à faire, des documents inédits à signaler, analyser ou publier, des inscriptions à relever et à déchiffrer.

Chacun de nous fait certainement ce qu'il peut, mais que peut un amateur isolé, abandonné à ses propres ressources ? Combien d'observations importantes, de découvertes précieuses qui auraient pu se faire et qui ne se sont pas faites, faute de direction, d'instruments et d'argent ? Combien qui, ayant é'é déjà faites, sont demeurées stériles pour n'avoir pas reçu de publicité ? Que de fois n'avons-nous pas perdu notre peine à chercher ce que d'autres avaient trouvé! Que de fois encore ne nous sommes-nous pas obstinés à poursuivre la solution d'une question insoluble, faute de communication avec d'autres travailleurs qui auraient pu nous fournir un renseignement utile, un avis salutaire !

Je ne puis passer sous silence les jeunes talents méconnus, qui n'attendent souvent, pour prendre leur essor, qu'une occasion favorable, une parole d'encouragement, et qui sont plus nombreux qu'on ne pense.

Pour les uns comme pour les autres, il manque, dans le Calaisis, une société spécialement vouée à l'étude de la science locale, et se proposant de développer et de faciliter le goût des recherches historiques et archéologiques.

Le rôle d'une telle société serait de mettre en œuvre une certaine activité collective. Chacun, en y entrant, contracterait une sorte d'engagement moral pour la mise en commun d'efforts dont le but serait d'encourager, d'exciter, de diriger le mouvement des sciences et des lettres, dans ce pays dont je me plais à dire, comme Horace de Tibur : « Ce coin de terre me sourit plus que le reste du monde. » (1)

(1) Ille terrarum mihi præter omnes
    Angulus ridet......   Horat. Od. VI, 2.

Il m'est arrivé souvent de rencontrer, jusque dans les campagnes les plus reculées, des hommes avides de connaître les choses du passé, dont une société comme celle dont je rêve la création pourrait utilement réclamer le concours. Il n'est pas toujours nécessaire, pour être utile à la science, d'être un savant ou un érudit de premier ordre. De quoi s'agirait-il, le plus souvent ? Non pas de déchiffrer des inscriptions, mais d'annoncer qu'on vient d'en découvrir une dans telle ou telle localité ; non pas de classer des fossiles, mais d'avertir qu'il s'en trouve dans tel ou tel gisement.

« Certainement on ne naît pas bénédictin, a dit en excellents termes l'éminent archiviste du département, et celui qui se sent au cœur une curiosité de bon aloi pour l'étude de la vie de nos pères, aurait tort de reculer, sous la considération fermement acquise de la modicité de son apport à l'histoire nationale. Cette histoire n'est point encore faite : c'est un monument auquel chacun peut apporter sa pierre, et celui qui n'a pas le coup d'œil de l'architecte peut être très bon maçon. » (1).

J'ajouterai que l'histoire d'un pays doit être étudiée par ceux qui y sont nés et qui y vivent ; que l'histoire générale ne sera faite avec sûreté et exactitude, que lorqu'elle sera fondée sur l'ensemble des histoires locales ; que celui-là remplit un devoir patriotique qui apporte à l'œuvre commune sa contribution, quelque modeste qu'elle soit, de faits et d'observations.

(1) H. Loriquet. Discours de réception à l'Académie d'Arras, 1888.

C. L.

Guines, le 15 Février 1893.

UN VOYAGE
A CALAIS, GUINES, ARDRES ET ST-OMER
En 1682

UN VOYAGE

A CALAIS, GUINES, ARDRES & ST-OMER

EN 1682

M. J. Bayley, membre de la Société des Antiquaires de Londres, appela récemment l'attention de M. William Minet, membre de la même Société, sur un manuscrit du British Museum contenant le Diaire ou Journal de White Kennet, célèbre écrivain anglais, qui vint en France en 1682 et passa trois semaines à Calais et à Ardres, notant soigneusement dans son journal ses impressions de voyage.

M. William Minet, qui s'intéresse vivement à l'histoire du Calaisis, pays de ses ancêtres (1), s'empressa de copier sur l'original toute la partie du Diaire de White Kennet qui se rapporte aux excursions de l'auteur à Calais, Guines, Ardres et St-Omer. M. Minet offrit à la bibliothèque de Calais la transcription faite par ses soins ; ayant eu occasion d'en prendre connaissance, je trouvai dans ces notes du jeune voyageur, (White Kennet avait 22 ans, à l'époque de son voyage) une foule de renseignements des plus curieux sur les hommes et les choses d'il y a deux siècles.

Ce sont de simples notes, courtes et brèves, où le style n'est pour rien, où l'imagination ne travaille pas au détriment de la vérité. Ce n'est, si l'on veut, qu'une sorte de mémento que l'auteur ne destinait pas à l'impression, mais qu'il désirait conserver pour son usage personnel. Ce n'est pas, en un mot, une œuvre littéraire que j'ai l'honneur de présenter au public.

---

(1) M. William Minet descend d'une famille huguenote de Calais, réfugiée en Angleterre après la révocation de l'édit de Nantes. Il a consacré à l'histoire de cette famille une splendide publication intitulée : *Some account of the huguenot family of Minet from their out of France.* London, 1892, in-4°.

J'ai renoncé à l'idée que j'avais d'abord eue de traduire ce Diaire. J'ai craint de paraître incorrect, en ne donnant que le mot à mot, ou de ne faire qu'un paraphrase, en me préoccupant trop de la pureté de mon style. Ces sortes d'ouvrages sont trop personnels pour être traduits. On les commente et on les annote : c'est ce que j'ai fait. Je n'ai eu d'autre but que de procurer aux amateurs des documents qui, à mon avis, ne sauraient être considérés comme quantité négligeable pour l'histoire du passé.

White Kennet naquit à Douvres en 1660. Il fit ses études à l'Université d'Oxford, où il se distingua par son extrême application au travail et par ses traductions anglaises de divers ouvrages. Dès 1681, il publiait un poème contre les Whigs. Il devint doyen, puis évêque de Peterborough (1), en 1718, et s'acquit une très grande réputation en Angleterre par ses prédications et par ses écrits. Il fonda une bibliothèque d'antiquité et d'histoire dans sa ville épiscopale et mourut en 1728. On a de lui un très grand nombre d'ouvrages presque tous écrits en anglais, dans lesquels on voit qu'il était un excellent philologue, un bon prédicateur et un homme très versé dans l'histoire et les antiquités de sa nation (2).

L'original du journal (Diary) de White Kennet, que nous imprimons d'après la copie faite par les soins de M. William Minet, M.A., pour la bibliothèque de Calais, existe au British Museum, sous le n° 937 de la Lansdown Collection.

Le vendredi 16 octobre 1682, White Kennet s'embarquait à Douvres, à 10 heures du soir. A cette époque on ne connaissait que les navires à voile. Le passage du détroit était soumis à toutes les éventualités résultant des alternatives des marées, des variations des vents et de l'état si mobile de la mer. Les voyageurs attendaient parfois plusieurs jours dans les hôtels, soit de Douvres, soit de Calais, la fin d'une tempête et le retour d'un vent favorable. Parfois aussi, surpris par le calme à mi-route, ils voyaient la durée de leur voyage se prolonger indéfiniment et des traversées de seize heures se rencontraient

---

(1) Peterborough, ville du comté de Northampton, 15,230 habitants. Evêché.

(2) Ladvocat, *Dictionnaire historique*. Paris, 1755, in-8°, T. Ier, p. 655.

fréquemment alors. Notre voyageur n'arriva à Calais que le lendemain à 3 heures de l'après-midi (1). Il nous fait connaître qu'il paya, en débarquant, une taxe de 3 pence.

Il passa la nuit à Calais, et le dimanche matin, il prit le coche d'eau pour aller à Guines. Il voulait assister aux offices qui se célébraient alors au temple protestant de ce bourg (2). On sait que le canal, ou la Rivière, comme on disait jadis, fut longtemps la seule voie de communication réellement praticable entre Calais et Guines (3). Notre voyageur nous apprend que les protestants chantaient autrefois des psaumes, en se rendant à Guines. Il paraît que lorsqu'il fit route en leur compagnie, ils avaient dû, par ordre de l'autorité, renoncer à cette pieuse habitude (4). On voit venir la révocation de l'édit de Nantes. Ça coûtait un penny par personne, pour aller à Guines par bateau. Ce n'était pas cher.

Guines, jadis ville forte, entourée de hautes murailles et de solides remparts, n'est plus qu'un simple bourg. *Quantum mutatus!* C'est ce que remarque en arrivant, et non sans mélancolie, notre jeune voyageur.

White Kennet, qui appartenait à l'église anglicane, suit avec intérêt l'ordre des cérémonies du culte réformé de France. Après une description sommaire du temple, il nous fait voir les ministres en chaire et administrant la Cène aux fidèles, sous les deux espèces du pain et du vin. Il n'oublie pas le lecteur, qui lit les leçons et entonne les psaumes.

(1) Sterne fit la traversée en moins de six heures. C'était une chance. « Je prends une place dans la voiture publique de Douvres. J'arrive. On me dit que le paquebot part le lendemain matin à neuf heures. Je m'embarque ; et à trois heures après-midi, je mange en France une fricassée de poulets. » *Voyage sentimental*, 1767.

(2) Guines était, au XVIIe siècle, comme le centre officiel du protestantisme du nord de la France. Son Temple fut fermé en 1685 et démoli après la révocation de l'édit de Nantes. La Société Huguenote de Londres a fait imprimer un volume intitulé : *Transcript of the Registers of the Protestant Church at Guisnes from 1668 to 1685*. Lymington, 1891, in-4°.

(3) Voir l'article que j'ai publié dans le *Patriote* (de Calais) du 30 septembre 1887, sous le titre : *De Calais à Guines*. Voir aussi mes *Tablettes historiques du Calaisis*, Calais 1888, 1re partie, p. 56.

(4) Cette défense faite aux protestants de chanter leurs psaumes en dehors des temples, est signalée par Claude dans son livre célèbre : *Les plaintes des protestans cruellement opprimez dans le royaume de France*, édit. F. Puaux, Paris, 1885, p. 28.

Pour revenir à Calais, notre voyageur loue un cheval. Une personne qui l'accompagnait l'ayant invité à prendre une consommation dans un cabaret sur la route, il note, comme une chose qui lui paraissait bien étonnante, la grande quantité de gens qui étaient en train de jouer aux cartes.

Le lundi, Whithe Kennet va visiter les quatre couvents qui existaient alors à Calais. Des religieuses, Dominicaines et Bénédictines, il ne remarque que la couleur du costume. Il ne dit rien des Capucins, ordre mendiant, qui fourniront un siècle plus tard, à un autre voyageur anglais, Laurence Sterne, un des plus curieux épisodes de son *Voyage Sentimental* (1). Mais il donne quelques détails sur la manière de vivre des Minimes dont la règle prescrit l'abstinence de tous aliments gras.

Il se rend ensuite à l'église Notre-Dame où il assiste à un baptême. Il en décrit les cérémonies avec les plus minutieux détails. Il note ce trait de mœurs locales qui n'a pas encore aujourd'hui disparu entièrement du Calaisis : de nombreux gamins entouraient la sage-femme, à la sortie de l'église, et en recevaient quelques sous (2).

Le mardi, White Kennet va à Ardres. Il ne paraît pas enchanté de la boisson ordinaire des gens de la campagne qu'il a sans doute goûtée en route. Il donne d'intéressants détails sur le nouveau canal de Calais à St-Omer (le canal actuel) qui a été commencé en 1680. Il trouve Ardres agréablement situé sur une colline.

Le lendemain, notre voyageur, qui a couché à Ardres, visite le couvent des Carmes. Comme il n'est pas catholique, le bon religieux qui le reçoit lui annonce net et court qu'il sera damné. Singulier compliment de bienvenue ! Une discussion en latin a lieu entre le Carme et l'Anglican. Il est question de l'unité de l'église, de la suprématie du Pape. On ne connaissait pas encore l'infaillibilité du Souverain Pontife.

(1) Qui ne croirait, après avoir lu les chapitres III, IV, et XII du *Voyage Sentimental*, voir réellement ce bon moine Franciscain qui causa à Sterne de si douces émotions ?

(2) Comme ces vieilles habitudes persistent longtemps ! J'entendais il y a quelques mois seulement, aux portes de Calais, des enfants qui poussaient, à l'occasion d'un baptême, les cris traditionnels. Il n'y a que ceci de changé : c'est le parrain et non plus la sage-femme qui distribue des sous.

Le jeudi, le futur évêque de Peterborough entreprend le voyage de St-Omer. Beaucoup de croix et de chapelles le long de la route. A l'entrée de la ville, un officier l'arrête et lui demande ses nom et domicile, ainsi que le but de son voyage. A l'auberge où il descend, une botte de foin pour son cheval lui coûte 2 pence et une petite ration d'avoine 3 pence. L'aubergiste lui enlève ses pistolets avant de le conduire coucher et l'enferme dans sa chambre.

White Kennet oublie, en se levant, que c'est vendredi ou plutôt que c'est jour d'abstinence et que le maigre est de rigueur dans les pays catholiques. Aussi commet-il une absurdité, c'est lui-même qui le dit, en demandant de la viande pour son déjeuner.

Il va visiter le collège des Jésuites anglais. On lui fait voir ce bel établissement où il remarque tout d'abord une vaste salle de spectacle. Chaque branche d'enseignement a une classe distincte et il y a un maître spécial pour chaque matière. Au dortoir, chaque écolier a son lit. L'escalier est bien éclairé. Il y a une salle de billard, un emplacement pour le jeu de boules ; enfin toutes les commodités désirables pour les récréations. Après les heures de classe, les écoliers se rendent à l'étude où ils ont chacun leur pupitre avec encrier, crucifix, images pieuses, etc. Ils sont placés de manière à se servir de la même chandelle à quatre. A l'étage supérieur, se trouve la bibliothèque renfermant un certain nombre de manuscrits et de curiosités. L'infirmerie est isolée des autres bâtiments. On y a annexé une pharmacie etc. On admet dans ce collège des jeunes gens de tout âge. Le prix de la pension est de 23 livres par an. Nourriture, blanchissage etc., tout se prépare et se fait dans la maison. Au réfectoire, il y a des tables différentes pour chaque classe. Une lecture est faite pendant le repas (1).

Un excellent repas est offert à White Kennet. Il remarque que cette table, où il prend place, est justement celle où naguère encore mangeait Titus Oats. Il paraît que cet imposteur

(1) Le système d'éducation qui a les Jésuites pour créateurs est resté le même, à peu de chose près, depuis trois siècles. C'est encore la base de notre enseignement secondaire, surtout dans les maisons dirigées par des ecclésiastiques.

avait la tête fort dure. Aussi les Jésuites de St-Omer, qui n'en pouvaient rien tirer de bon, s'en débarrassèrent-ils en le chargeant d'un message pour Valladolid en Espagne. Ils l'envoyèrent, comme on dit, se faire pendre ailleurs. Titus Oats ne resta pas d'ailleurs longtemps en Espagne. Il se fit expulser de ce pays et retourna en Angleterre.

La chapelle de cet établissement est brillamment ornée. White Kennet, qui décidément aime la contreverse, trouve moyen de soulever à ce propos une discussion sur le culte des images qu'il n'est pas loin de taxer d'idolâtrie. Voyant la tournure que les choses allaient prendre, le jésuite qui l'accompagnait, par manière de diversion, lui fait toutes sortes d'invitations flatteuses et de promesses séduisantes pour l'engager à rester et à entrer dans la société. C'était une manière polie de le congédier.

Il va voir ensuite l'église de St-Bertin. Il y remarque le fameux lézard et la célèbre tortue dont la légendaire histoire est bien connue à St-Omer. Il constate que des réparations nécessitées par les dégats occasionnés au côté Nord de l'église, lors du siège de 1677, ont été faites récemment.

La ville de St-Omer, heureusement située entre la France et la Flandre, est le débouché d'un grand commerce. White Kennet n'a entendu parler que le français pendant son séjour à St-Omer. Il en conclut que le retour de cette ville à la France a eu pour résultat de faire disparaître toute trace des anciens idiomes : flamand et espagnol, seuls parlés autrefois (1).

Notre voyageur revient à Ardres dans l'après-midi.

Il y avait, en ce temps là, trois marchés par semaine, à Ardres : le mardi, le jeudi et le vendredi. White Kennet signale une manière originale de conduire les bœufs. Il fait aussi une remarque dont je ne m'explique pas bien la portée, à propos de la façon dont on mène la charrue à Ardres. Il y a un petit tableau de genre dont j'indique le sujet aux amateurs : de pauvres vieilles femmes apportant de loin, sur leur dos, un fagot qu'elles vendent au marché pour 4 pence.

(1) White Kennet a été mal renseigné sur cette question de langage. Déjà avant le retour de St-Omer à la France, le Flamand n'était plus guère parlé que par les habitants des faubourgs de Lizel et du Haut-Pont. Pendant l'occupation espagnole même, le français était la langue officielle.

L'étudiant d'Oxford prolonge son séjour à Ardres. C'est dimanche. Un couple huguenot doit aller faire bénir son union au temple de Guines. White Kennet est invité aux noces (1).

De grands chariots sont préparés. Le futur a revêtu son habit noir. On se met en route. Trois mariages ont lieu ce jour là. La cérémonie nous est décrite. Il y a aussi plusieurs baptêmes au Temple.

Lorsque tout le monde est de retour à Ardres, on se met à table; un splendide festin avait été préparé. On a fait venir des musiciens. Le repas terminé, on se met à danser et on danse jusqu'au moment d'aller coucher.

Le repas commencé le dimanche continue le lundi. On reste à table une grande partie de la journée, et on mange bien. C'est un festin dont le menu a des proportions incroyables.

Le mardi, White Kennet s'amuse beaucoup aux récit des exploits de ce pauvre diable de pèlerin, qui fait depuis quelques jours, dans l'église d'Ardres, l'édification des âmes naïves et qui trouve moyen, grâce à la façon adroite dont il sait jouer son rôle, de recueillir d'abondantes aumônes. Lorsqu'il en a assez, il décampe pour aller continuer ailleurs sa fructueuse industrie.

White Kennet était désireux d'avoir une conférence avec M. Trouillart, le pasteur de Guines. Malheureusement M. Trouillart, qui a quitté Genève depuis 15 ans, a totalement perdu l'usage familier de la langue latine et il lui est impossible de répondre autrement qu'en Français.

White Kennet nous fait savoir que le mercredi il engagea une discussion avec le précepteur des enfants du gouverneur d'Ardres. C'était apparemment un ecclésiastique qui avait habité l'Angleterre pendant quelque temps. Ce brave ecclésiastique se plaint beaucoup (White Kennet avoue que ce n'est pas sans raison) de l'incivilité du bas peuple anglais à l'égard des étrangers et particulièrement de son antipathie pour les Français. C'est un catholique très zélé qui ne craint cependant pas d'avouer franchement que beaucoup de jésuites sont allés trop loin en fait de morale et de politique. Il avait sans doute

(1) Voir *The huguenot family of Minet*, p. 42.

lu les *Provinciales* de Pascal (1). Il ne partage pas non plus toutes leurs opinions touchant le libre arbitre, etc.

Notre voyageur retourne à Calais par le bateau.

A Calais, il n'y a que de l'eau saumâtre et de mauvais goût (2). Il y a cependant chez les Minimes une citerne où l'eau de pluie arrive après avoir traversé un tas de gravier, véritable filtre qui la clarifie et la rend très bonne à boire.

Calais fait partie du diocèse de Boulogne. On va de Calais à Paris, par chevaux de poste, en six jours, moyennant 12 couronnes par personne, nourriture et logement compris.

Au dessus de la porte par laquelle on allait à la basse ville, White Kennet dit avoir vu une image de la vierge tenant Notre Sauveur dans ses bras, avec cette inscription : *Mater Dei memento mei*. Il remarque que tous les monuments qui se trouvent dans le cimetière sont érigés en forme de croix et que chaque épitaphe porte ces mots : Priez Dieu pour son âme.

Notre voyageur avait résolu de s'embarquer le samedi soir, veille de la Toussaint, mais il n'y eut pas moyen.

Les Psaumes ont été traduits en vers français par Clément Marot et Théodore de Bèze et en hollandais par Pierre Dathenus. Les principaux écrivains protestants de langue française sont Pierre Dumoulin et Charles Drelincourt. Le plus célèbre parmi les vivants est M. Claude, de Paris (3).

White Kennet donne quelques détails sur la façon dont on célébrait alors la Toussaint: allumage de chandelles à l'église, sonnerie des cloches, chant de psaumes pénitentiaux en mémoire des défunts par des gamins recevant pour cela un penny ou plus, selon la générosité des fidèles (4).

(1) Pascal était mort 20 ans avant (1662). Il avait fait paraître ses *Provinciales* en 1656-1657.

(2) Sur la question des eaux potables à Calais, voir l'*Almanach de Calais* 1841, p. 101, et mes *Tablettes historiques*. 2ᵉ partie, p. 105.

(3) Il eut été facile à White Kennet d'étendre la liste des écrivains qui ont acquis un nom dans la réforme française au XVIIᵉ siècle. Il eût pu, par exemple, citer encore Samuel Petit, Basnage, Mestrezat, Daillé, Dubosc, Ancillon et bien d'autres non moins illustres.

(4) Aujourd'hui, à la Toussaint, on visite les cimetières en mémoire des morts ; mais bien rares sont, je crois, ceux qui récitent encore les psaumes pénitentiaux.

White Kennet prend le paquebot pour Douvres, le lundi 2 novembre, à 11 heures du soir. Un fort vent d'est entraîne le bateau à deux lieues de Douvres. Ce n'est que le lendemain à 3 heures de l'après-midi qu'il put gagner la terre dans un canot.

Je donne le texte de White Kennet tel qu'il a été transcrit par M. William Minet. J'ai généralement respecté l'orthographe de l'auteur. Je n'ai cependant pas cru devoir laisser subsister ce que je considère comme de véritables fautes imputables à une mauvaise lecture.

Ainsi je vois Guines écrit : « Guins », « Gaine », « Gane » et « Gaine », Boulogne est transformé en « Brillogne ». White Kennet, qui écrit correctement Dover, Calais, Ardre, St-Omer Salamanca, Paris, etc., n'avait aucune raison pour écrire mal Guines, Boulogne.

De même pour les noms d'hommes. J'ai remplacé « Troulier » par Trouillart, « Marrio » par Marot, « Pebius » par Petrus, « Drebiscourt » par Drelincourt.

Et maintenant, il ne me reste plus à souhaiter qu'une chose : c'est que, les notes de White Kennet en main, un amateur d'histoire locale nous refasse le voyage de Calais, Guines, Ardres et St-Omer... en 1682.

Au moment où je corrige les épreuves de ce travail, j'apprends la mort de M. Bayley, qui avait signalé à M. Minet l'existence du Ms. de White Kennet. M. Bayley, bien connu en Angleterre, membre de la Société des Antiquaires de Londres, était né en 1803. Fils d'un juge, il était lui-même juge, depuis 45 ans, de la « Westminster County Court » où il siégeait encore quatre jours avant sa mort.   C. L.

EXTRACT
FROM
THE DIARY OF WHITE KENNET

EXTRACT

FROM

THE DIARY OF WHITE KENNET

———:ⓞ:———

Tuesday October 3rd [1682] (1). Went to Dover in compliance with an invitation to France.

Friday Embarked in Barrett's boat for Calais at 10 o'clock night tide.

Saturday. Arrived at Calais at 3 in the afternoon; the imposition for each person landing 3d.

Sunday October 8th. Went up by boat to Guines. A custom for the protestants formerly at 1 mile distance from Calais to sing psalms in the severall boats till they came to Guines, but of late forbidden by authority (2). The freight for each person 1d. The town of Guines formerly walled and well fortified and a distinct town of itself (3).

(1) Les dates données par White Kennet se rapportent au vieux style, que la plupart des nations protestantes ont suivi jusqu'au siècle dernier. La France avait adopté en 1582 la réforme grégorienne qui retranchait dix jours de l'année.

(2) Un arrêt du Conseil d'Etat du 16 décembre 1661 avait déjà défendu aux protestants « de dire et chanter à haute voix leurs psaumes en françois, soit dans les rues et places publiques, soit dans leurs maisons, et boutiques et aux fenestres... » Une sentence du bailly de Charenton, du 3 juin 1681, fait « deffenses à ceux de la R. P. R. de s'assembler ni chanter leurs psaumes en public, ni allieurs que dans les lieux où ils font l'exercice de leur religion. »

(3) Sur Guines et ses fortifications, voyez une très intéressante publication de la Société des Antiquaires de Londres : *Calais and the Pale*, by the Honourable Harold Arthur Dillon, Westminster, 1892, in-4º.

The protestant church in the form of a trapeze with double galleries round (1). Two ministers (beside a reader) with 100 *l.* salarie a piece ; the one Mr. Trouillart (2) resident at Guines, the other Mr. [de Vaux] (3) at Calais.

The reader (4), at some distance from the pulpit, reads the lessons and sets the psalms. Their sermons set off with eager repetitions, very vehement expressions and....... The Sacrament administered after sermon, the table placed under the pulpit, fenced off with seats for persons of better rank. The bread divided in a dish, and the wine poured out into 2 large cups (5), the 2 ministers assisting, the one consecrates the bread and administers to himself, then to the other, and the same with the wine. Then the communicants are admitted singly by order and at the entrance of each the minister distributes to each a piece of bread. When the table is filled round, at the pronouncing of a prescribed benediction they all eat; and soon after the minister that consecrated the wine takes the 2 cups and delivers them to 2 persons in the middle, so they pass round without any genuflexion. After which another short benediction they depart and give room to new successive sets till all have received (6).

(1) « Le Temple (de Guines) n'étoit pas d'une construction magnifique ni apparente, mais il étoit spacieux, et au moyen de galeries, où se mettoit le sexe, il pouvoit contenir plus de trois mille personnes » Mémoires de Pigault de L'Epinoy. M S de la bibliothèque de Calais.

(2) Pierre Trouillart fut ministre à Guines de 1673 à 1685. Son père, professeur distingué de l'Académie de Sedan, fut un des créateurs de la pédagogie moderne. Il mourut à Guines en 1680.

(3) Simon de Vaux, résidant à Calais, remplaça. en 1681, Jacques de Prez nommé professeur à l'Académie de Saumur.

(4) En 1680, Jacob Cochefert est lecteur de l'église réformée de Guines. *Registers of the church at Guisnes*, p. 200. Il était de plus maitre d'école (d'après un acte notarié de 1676) et « scribe et gardiateur » des registres. En 1683, Jean Leducq est repris comme « lecteur du temple », dans un autre acte notarié. Il fait, de même que le clerc de l'église catholique, la publication des ventes et locations.

(5) Les coupes du temple de Guines passèrent à Douvres où elles étaient encore conservées dans la famille Minet en 1736. Voir *The huguenot family of Minet*. Appendix VI.

(6) Sur l'administration de la Cène dans l'Eglise réformée, voir *Le Manuel des chrétiens protestants*, par Em. Frossard. Toulouse, 1866, in-12. p. 176.

That sunday on which the sacrament is administered no sermon in the afternoon.

Returned to Calais on horseback, called to drink at a publique house on the road, and room next to the highway filled with severall companies at cards (1).

Monday Oct. 9th. Visited the two Nunneries, one of the order of St-Bennet (2) in white apparell, the other Benedictine (3) in black. Visited the religious covents, one of the order of Capuchines (4), and the other Minims (5), both of the order of St-Francis. The former are Mendicant, the latter are by their order debarrd the use of any flesh or whatever proceeds from it. Their chief diet fish, wine and oyl wch nourishes them to that measure that they are most of them very fat and bestial. Yet they fed for some winters on moor

---

(1) Il n'y a rien de nouveau sous le soleil. Nos cabarets sont toujours, comme il y a deux siècles, remplis de consommateurs et de joueurs de cartes (on a toutefois ajouté le billard) qui vont faire leur partie du dimanche. Le malheur, c'est qu'on y va aussi (trop souvent, hélas!) dans la semaine. On appelle cela faire tabagie.

(2) « St-Bennet » est certainement un lapsus. C'est « St-Dominic » que l'auteur a voulu dire. Il n'y avait, à cette époque, à Calais, que des Dominicaines et des Bénédictines. La maison des Dominicaines était située dans la rue de la Citadelle. Elle datait de 1554 et fut supprimée en 1792. Le costume des Dominicaines consistait en une robe et un scapulaire blanc, avec manteau et voile noirs.

(3) Les Bénidictines étaient venues s'établir à Calais en 1641. Leur couvent avait son entrée principale dans la rue de Guise. Elles revinrent à Calais après la Révolution. Les Bénédictines portent la robe, le scapulaire et le voile noirs.

(4) Les Capucins, congrégation de religieux mendiants, se rattachant à l'ordre de St-François d'Assise, fixés à Calais dès 1619, avaient leur couvent dans la rue de la Douane. Il se distinguaient par une robe brune, une longue barbe et leurs pieds chaussés seulement de sandales. Un nouveau monastère de Capucins a été établi à Calais dans ces dernières années. L'ancienne maison avait disparu à la Révolution.

(5) Les minimes, religieux de l'ordre de François de Paule, s'établirent à Calais en 1611. Leur maison était dans la rue Leveux. En 1726, on leur confia la direction du collège qui subsista jusqu'en 1790. Il existe aux archives de Calais un registre intitulé : *Bibliothecæ patrum minorum Caleti novus index*. C'est un catalogue de leur bibliothèque fait en 1747.

hens as no flesh (1), till of late by the Archbishop of Paris the provinciall of their order they were enjoyned to refrain from them in the future.

Saw the sacrament of Baptisme administered in the great church (2); the priest clad in a laced surplice and sacerdotall cap, the front placed near the entrance of the church. The service read as in the Massbook-prescriber, the child presented bareheaded to the priest who pours shell of consecrated water on the child's skull and then with a brush dippd in spittle, oyl and other ingredients from a small silver box anoints the sign of the cross, etc. The organs play during the service if the godfather be willing or able to be at the charge of it. The child alwajs is brought to the church by the midwife for whome it is a custom at coming out of the church to cast some money among the boys (3).

Tuesday. Walked to Ardre. The ordinary drink in country houses butter very small and sharpe made of a concoction of bran and water (4). A river cutting out from Calais to St-Omer at the King's charge begun 1680, proceeded about

---

(1) Il s'agit de la « poule d'eau » proprement dite, qu'il ne faut pas confondre avec un autre gibier de marais, la Foulque, que nous appelons, en patois, *courte* (en anglais, *coot*) et qui, d'après Buffon « se mange en maigre ». Selon Righetti, prêtre romain, il n'est pas permis, aux jours de jeûne, de manger de la poule d'eau. Guérin, *Dict. des Dict.* au mot « Maigre. »

(2) L'église Notre-Dame. Voir sur cette église le *Mémoire* publié par H.-J. de Rheims. Calais, 1843, in-4°. Voir aussi le *Journal historique*, du même auteur, ap. Le Jeune, *Histoire de Calais*, 1880. gr. in 8°.

(3) « Un usage singulier ammenoit aux portes de l'église tous les polissons qui, à l'issue du batême, crioient *à l'avarice*, jusqu'à ce que le parrain eût semé quelques poignées de liards. » Abot de Bazinghen, *Journal du Boulonnois*, dont M. Vaillant a publié un extrait dans *Il y a un siècle*. Boulogne-sur-Mer, 1891. gr. in-8°.

(4) M. William Minet met ici en note : *caudiau* ? Je crois qu'il est plus exact de mettre *bouillie*, et cela pour deux raisons : 1° le *caudiau*, dans nos villages, n'est pas une boisson (drink), mais une sorte de potage ; 2° le fermier du Boulonnais et celui de la province d'Artois avaient adopté depuis les temps les plus reculés, comme boisson ordinaire, une boullie dont voici la recette : « Son bien lavé, houblon et miel ; faire bouillir avec une quantité d'eau suffisante pour emplir la chaudière ; quand la liqueur est passée, délayer le levain de froment ; verser le tout dans des barriques qu'on bouche après la fermentation ». *Le Patriote artésien*, cité par le Baron A. de Calonne, dans la *Vie agricole sous l'ancien régime dans le Nord de la France* — Paris, 1885. p. 217.

7 miles, expected to be finished in 1689 (1). Ardre placed on a pleasant ascent (2), strongly fortified with one gate or entrance only of a round figure and therefore fitly resembled to an oven.

Wensday October the 11th. Visited a covent of black Carmelites of the order of St-Francis (3). Addressed myself to one the seniors, his first question wither I was a Roman catholick, his next compliment that I were certainly damned. Held a discourse freely with him for some time in latine; his chief pleas in having recourse to the unity of the Catholick Church very positively relying upon the text of *Dabo tibi claves cœli* (4) and blessed, etc. for the Pope's supremacy.

Thursday. Borrowed a horse of Monsieur Le Gountaine and rod to St-Omer. Many crosses and chapelets on the road. At the entrance in to the town stopt by an officer and deman-

(1) « La réduction de St-Omer au pouvoir du Roy (en 1677) nous ouvrit un commerce avec toute la Flandre, mais pour l'établir il falloit ou remettre (en état) l'ancien canal qui conduisoit à la rivière d'Aa par Gravelines, ou en creuser un nouveau par un chemin plus court. Cette grande affaire mise en délibération, il fut résolu d'abandonner l'ancien canal, comblé de sable, dont l'entretien auroit esté d'une trop grande dépence et d'en creuser un nouveau, ce qui fut aux dépens des négocians de cette ville (de Calais) qui se cotisèrent volontiers chacun selon ses facultés, et il se fit une levée de 45 mille livres sur toutes les terres du pays pour contribuer à ce grand ouvrage qui fut achevé au grand avantage du commerce établi en ce pays. C'est la grande rivière de St-Omer qui sera pour nos descendans un monument recommandable de notre attachement à maintenir le commerce. » Bernard, *Annales de Calais* — St-Omer, 1715, p. 442.

(2) La ville d'Ardres, « établie sur la pente d'un côteau, a, vers le nord-nord-est, un marais tourbeux... qui contribue à sa défense, et des autres côtés une vaste et riche plaine bornée par des collines couvertes de bois qui lui forment, du levant au couchant, un horizon pittoresque et varié. » Collet, *Notices historiques...* Calais, 1834, p. 208.

(3) Notre voyageur commet ici un nouveau lapsus. St-François n'est pour rien dans l'ordre des Carmes. Les Carmes ou moines du Mont-Carmel. de la réforme de Jean de la Croix, dits Carmes déchaussés, s'établirent à Ardres en 1659. L'hôtel de ville actuel est en partie leur ancienne église. Ils avaient un régent qui enseignait aux enfants les éléments de la langue latine. Les Carmes portaient une robe noire avec un scapulaire et un capuce de même couleur surmontés d'une chape et d'un camail de couleur blanche. Leur établissement prit fin à la Révolution.

(4) Evangile selon St-Mathieu, XVI, 19.

ded an account of our names, places of habitation and business. Our horses served with hay by small single trusses at 2ᵈ each. A very small measure of oats fort 3ᵈ. At night our pistols taken from us by the host and the chamber locked at the outside to prevent our getting out in the night.

Fryday. Committed an absurdity in asking for flesh to break fast. Visited the English covent (1). The inscription over the gate : *Dieu convert les Anglois.* After admittance conducted by a seniour hermite through the whole College. A very capacious Theatre with an open area severall covered galleries and a convenient stage whereon upon solemn occasions they have publick actings. Their school divided into several apartments for each science with a distinct master. Their dormitory in long large galleries with single beds and each schollars name wrot over. Their stare case so contrived that by a lamp placed at the bottom the whole ascent is enlightened. Billiard tables and bowling allys and other conveniences for recreation allowed without liberty of going out of their pale.

After set hours of school a publick cosy study for retirement each schollar his appropriated place with a desk an inkstand and a crucifix and some pictures ; the seats so placed as one candle serves four ; at the upper end a repository of manuscripts and some other rarities raild off. An infirmitory

---

(1) Le Collège des Jésuites anglais ouvert à St-Omer en 1592, sous la protection de Philippe II, roi d'Espagne. Ce collège était très renommé dans toute la Grande-Bretagne. Dans l'*Ecossaise* de Voltaire (acte II. scène III) lady Alton dit à Frélon : « Tu me parais subtil : il semble que tu aies étudié à Saint-Omer. » Le collège anglais, qui fut dirigé à la fin du XVIIIᵉ siècle par des prêtres séculiers, a été transformé en hôpital militaire en 1793. L'historique de cet établissement est gravé sur une plaque de marbre placée sur le fronton qui orne l'entrée principale, rue St-Bertin. On y lit : *Collège fondé par les Jésuites Anglais en 1592. — Brûlé en 1684. — Reconstruit en 1685. — Brûlé en 1726. — Reconstruit immédiatement. - Collège Royal en 1760. - Hôpital militaire après la bataille d'Hondchoote, 1793. — Brûlé partiellement en 1826. — Restauré en 1845.*

separate from the other buildings with an apothecaries shop (1) at the end and all other conveniences.

Lads admitted of any age with an allowance of £ 23 per an : by their parents. Diet, washing etc., prepared within their own walls by the respective officiers clad in the same apparel and calld brethren. Their refectory set round with severall tables for the respective classes adorned with severall pictures; two balconies raised on each side about the middle where some scholastick exercices are performed every meal.

Entertained with a gentile breakfast and placed at the same table where Oats (2) ate at the same time he swore to have been in England. Oats branded with many bitter épithets, his degree at Salamanca a notorious sham. He was such an intractable dunce that to get rid of him from St-Omer they sent him of some message to Valladolid in Spain, were he continued not long before he was expelled, at which time he ran back to England.

The chapel bedecked with very glittering ornaments; yet it was disowned that they paid any religious worship to any of their occasional if not intentional idolatry replied to by an acknowledgment that the common people were to be kept in a devout kind of ignorance, and that the neglect of this piece of policy must needs be repented of by the Church of England.

Many wheedling invitations and winning proposals to tarry and be adopted into their Society, being complimentarily dismissed.

Visited the Abby Church (3); the rarities most remarkable are the skin and shell of a toad and tortoise swung opposite to

---

(1) « Un médecin et un pharmacien étaient spécialement attachés au collège anglais, La pharmacie de cet établissement était on ne peut mieux tenue. Les cases, les rayons, les colonnes, les boiseries de la pharmacie du collège anglais se voient encore, dans toute l'élégance de leurs détails, dans l'officine de M. Damart-Caffiéri. » *Histoire de la ville de St-Omer*, par J. Derheims. 1843, in-8° p. 635.

(2) Titus Oates, le fameux intrigant, que Dryden a flétri, marqué au fer rouge, dans un de ses poèmes, passa effectivement quelque temps à Saint-Omer, après s'être converti au catholicisme. Voir sur ce personnage l'*Histoire d'Angleterre* de Lingard et celle de Macaulay.

(3) L'église de l'abbaye de St-Bertin dont la tour, encore debout, est classée parmi les monuments historiques.

each other of a prodigious bigness (1). The north side of the Church much battered at the last siege (2) and repaired at the king of France's charge (3).

A very large town and by its convenience of situation betwixt France and Flanders a mart of great trade. So great an alteration wrought in the language by its late change of master that whereas Flemish and Spanish where the only dialects 7 years agoe there is now scarce one word spoke or understood but French (4).

Returned in the afternoon to Ardre.

Saturday. At Ardre 3 marketts in a week : tuesday, thursday and saturday (5). Bullocks lead with a rope by a dog. Ploughs drove with three horses abreast while the same person holds and drives. The only marketting of severall

---

(1) Aux deux piliers intérieurs de la tour de l'église de St-Bertin étaient attachés, d'un côté, une tortue, et de l'autre, un crocodile qui ont singulièrement exercé l'imagination de leurs visiteurs, lit-on dans les *Souvenirs de St-Omer* publiés dans l'Almanach du Pas-de-Calais pour 1879. Ces animaux avaient une légende racontée dans une plaquette du siècle dernier, dont le seul exemplaire connu faisait partie de la bibliothèque du baron Dard, à Air-sur-la-Lys. M. Deschamps de Pas a imprimé d'après cet exemplaire rarissime, en 1860, chez Guermonprez, à St-Omer, une pièce in-8º de 8 p. intitulée : *Le crapaud et le lézard de l'abbaye de St-Bertin*.

(2 St-Omer fut assiégé au mois d'avril 1677, par le duc d'Orléans qui reprit cette ville aux Espagnols. La paix de Nimègue réunit définitivement St-Omer à la France le 17 septembre 1678.

(3) En 1698, St-Omer comptait dans ses murs et dans ses faubourgs 11.451 habitants, d'après le Mémoire de Bignon sur l'Artois.

(4) Le flamand est l'ancien idiome audomarois. La population de la ville l'a longtemps parlé. L'art. 7 de la coutume de St-Omer rédigée en 1509 porte que les échevins de cette ville ont l'habitude de faire rédiger leurs sentences criminelles « en langaige flamang ». Ce fut sous le gouvernement de Philippe II, en 1593, que le magistrat de St-Omer cessa de rédiger ses sentences criminelles en cette langue. Sous la domination espagnole la langue officielle et judiciaire de l'Artois fut le français. Il n'est pas exact de dire que le flamand et l'espagnol étaient seuls parlés à St-Omer avant la reprise de cette ville par les français. Voir Courtois : *L'ancien idiome audomarois*, Mémoires des Antiquaires de la Morinie, t. XIIIe, et les autres publications du même auteur.

(5) L'Almanach du Pas-de-Calais pour 1892, indique encore trois marchés à Ardres, les mardi, jeudi et samedi de chaque semaine. En réalité, il n'y a plus dans cette ville qu'un marché hebdomadaire qui se tient le jeudi.

poor women no more than a bundle of wood which they bring on their backs 3 or 4 miles and sell for 4ᵈ (1).

Sunday. Severall waggons prepared with tilts and 4 horses in coach order to carry the wedding guests to Guines. The bridegroom cloothed in black the first day. Three couple married without any repetition of the office, a ticket of their severall names being read, the minister officiating in the pulpit (2).

Four children baptized. The water set in a bason standard at the right hand of the pulpit.

At our return to Ardre a very solemn bride supper prepapared : after wich they danced with music till bed time.

Monday. The wedding entertainment continued. The custom for the vulgar people at such solemnities to set at table from 8 in the morning till 4 in the afternoon with supplies of fresh dishes without any rising up and whith very small intermissions from eating and drinking. The poultry dressed without larding, pigs roasted with legs on, and the spit run through the brain without wiping (3).

Tuesday. A pleasant relation of a necessitous souldier who in a pilgrim's habit bore a very large cross and continued at prayers in the Church for some daies till the people supposing him some very religious s^t offered very liberally to him, and so when competlently furnished with cloaths and money he left his cross and run away.

Ambitious of having som conference with Monsieur Trouillart, but when I had accosted him, his only answer was in the French language that he han been absent from his place

---

(1) A Guînes, un certain nombre de femmes vont encore à la forêt ramasser du bois mort dont elles font des fagots qu'elles vendent en ville à raison de 75 centimes la pièce.

(2) Voir ces mariages dans *Registers of the church of Guisnes*, à la date du 25 octobre. White Kennet assistait au mariage de Daniel Minet, marchand de Calais, avec Jeanne Flahaut, d'Ardres. Voir la manière de célébrer le mariage à la suite des *Psaumes de David*, Charenton, 1657.

(3) Un auteur cité par M. de Calonne dans la *Vie agricole sous l'ancien régime*, p. 217, dit qu'il faut en avoir été témoin, pour croire à la quantité de viande qui se mange aux repas de noces. C'est une profusion de mets qui apparaissent, disparaissent et sont aussitôt remplacés ; et ce, pendant deux jours entiers.

of education Geneva for 15 years and by a disuse had wholly forgott the familiar talking of latine.

Wensday. Engaged in a dispute with the tutour to the Governours sons. He had been some while in England, and complained much (and not without reason) of the incivility of our common people to strangers and especially of their antipathy to Frenchmen. He was a very zealous calholick, yet freely confessed that many of the Jesuites had been too extravagant in their moralls and politicks, and as to their divinity he complained that in reference to freewill, etc., they were too Calvinisticall.

Returned by boat to Calais.

Thursday. All the water in Calais has a very brackish tast. The best at the Minims wells (1) which proceeds from no naturall spring but is only rain water artificially conveyed into a cellar, and so straining itself through heaps of gravell, runs into a large cistern from whence it is drown up by buckets.

Fryday. Calais within the diocese of Boulogne. A passage from Calais to Paris by post horses in six daies for 12 crowns each passenger, diet and lodging included, which are defrayed by the master of the horses (2).

Saturday. Over the town gate leading to the basse ville Virgin engraved with our Saviour in her arms with this subscription : *Mater Dei memento mei* (3).

---

(1) Les habitants de Calais paraissent avoir longtemps manqué d'eau salubre. En 1633, Louis XIII fit construire une vaste citerne chez les Minimes, pour y amasser les eaux de pluie qui s'écoulaient inutilement de leurs vastes bâtiments. La construction de cette citerne dont le plan a été conservé, coûta mille écus. *Almanach de Calais*, 1845, p. 102.

(2) Ce ne fut qu'en 1715 que, d'après une note de Dom Grenier, l'on établit deux *carrosses* de Paris à Calais. *Coup d'œil sur St-Omer à la fin du XVIIe siècle*, par A. Courtois. Mém. des Antiquaires de la Morinie, t. VII.

(3) Il s'agit de la porte Richelieu construite en 1636. On l'appelait autrefois porte Royale. Elle était « d'un ordre dorique d'une belle ordonnance » et enrichie de trophées aux armes du Roi et du cardinal de Richelieu. Barnard, *Annales de Calais*, p. 467. Cet intéressant spécimen de l'architecture militaire du XVIIe siècle a été démoli en 1885.

All their monuments in the Churchyard erected in form of a cross with this close to every epitaph : *Dieu prie pour son ame* (1).

Lay out in the coast.... in order to embarque the night tide but disappointed.

Sunday. October the 22$_d$. The Psalms put in French metre by Clement Marot and Theodore Beza (2) ; into Dutch by Petrus Dathenus (3) ! The French have been since refined in the language by some tunes reserved but not used in the protestant churches. Their chief protestant authors Dr du Moulin (4) and M. Drelincourt (5). The best in repute living is Monsieur Claude of Paris ; (6) has wrot some sermons and a preparatory treatise to the sacrament, etc. This festival of S^t (7) celebrated with lighted candles in the church and the ringing of bells the whole night. A custom for dying persons to impose their surviving friends the task of procuring to many pair of penitential psalms, to be said successively for so many years on this day, which piece of devotion is per-

---

(1) Il faut sans doute lire : *Priez Dieu pour son âme*. Le cimetière de Calais se trouvait, à cette époque, près de l'église Notre-Dame où il est resté jusqu'en 1793.

(2) *Les Psaumes de David, mis en rime Françoise, par Clément Marot et Théodore de Bèze*. Se vendent à Charenton, 1657. M. Douen a publié, en 1878, à la librairie Fischbacher, Paris, un *Choix de psaumes de Clément Marot et Théodore de Bèze*. Mélodies de L. Bourgeois, etc., 1549-1550, harmonisées par Goudimel, gr. in-8°, 70 p.

(3) Pierre Dathenus, moine d'Ypres, mort en 1590. Il avait embrassé le calvinisme et traduit en vers Hollandais les psaumes de David sur la traduction française de Clément Marot. Il reçut un prix des Etats de Hollande pour ce travail adopté dans le culte public jusqu'en 1773.

(4) Pierre Dumoulin (1568-1658), célèbre professeur de l'Académie de Sedan, écrivain distingué. On ne compte pas moins de 73 ouvrages sortis de sa plume, parmi lesquels les plus populaires furent le *Bouclier de la foi* et l'*Anatomie de la messe*.

(5) Charles Drelincourt (1595-1669) fut le modèle du vrai pasteur. Il a publié de nombreux écrits d'édification et de polémique.

(6) Jean Claude, le dernier des éminents pasteurs de Charenton. Né en 1619, mort en Hollande en 1687.

(7) Fête de la Toussaint, 1er novembre 1682.

formed by boys who run about the church in quest of customers who give one penny or more and name the person for whom the psalms are to be repeated.

Monday. October 23rd. Embarqued for Dover in the Paquet boat (1) at 11 at night.

Tuesday. A strong easterly wind driving us 2 leagues beyond our port. We came off to land in a small boat at 3 post merid :

---

(1) Le paquebot « est une petite barque pontée, qui passe et repasse de Calais à Douvres deux fois la semaine, pour porter les lettres des marchands, et qui prend cinq chelings pour le passage de chaque personne. » *Journal des voyages de Monsieur de Monconys.* Lyon, 1666, in-4°, seconde partie, p. 5. M. de Monconys s'embarqua à Calais le 12 mai 1662, à 2 heures après-midi et arriva à Douvres entre 8 et 9 heures du soir.

APPENDICE

APPENDICE

CALAIS EN 1682

I

La ville de Calais, située au 19e degré 28 minutes de longitude du méridien de l'Ile de Fer et au 50e degré 57 minutes de latitude, forme un carré long presque régulier, de l'est à l'ouest. Elle est la capitale du pays reconquis qui, dans un espace de 14 lieues de circuit, renferme le gros bourg de Guines et 23 villages.

Calais est à 64 lieues de Paris, 8 de Boulogne, 2 1/2 de Guines, 4 d'Ardres, 10 de St-Omer et 7 de Douvres. C'est le port le plus rapproché de l'Angleterre.

La ville de Calais, établie sur un terrain plat et sec, dont le fond est de sable, se trouve sur le détroit ou *pas* qui porte son nom (pas de Calais). On y respire un air pur souvent renouvelé par le vent du nord. Les habitants, privés d'eau de fontaine et de puits, pour les usages domestiques, ont recours à des citernes, et, en cas d'insuffisance, doivent s'approvisionner d'eau venant des environs.

Calais apparaît de la mer comme une île, avec trois clochers qui offrent des dispositions architectoniques originales : le beffroi, la tour du guet, voisine du beffroi, et le clocher de l'église Notre-Dame, qui est un peu en arrière et plus à l'est.

A droite, le fort Risbanc, la citadelle et le fort Nieulay montrent leurs fortifications. Sur le fort Risbanc on allume « un feu pour guider les vaisseaux à leur entrée dans le port pendant la nuit (1) ».

(1) Journal de Pierre Anquier, mayeur de Calais, sur les faits qui se sont passés de son temps. 1633-1644. Ms. de la Bibliothèque de Calais, cité par Lefebvre, t. II. page 543.

De chaque côté du port s'étendent des monticules de sable appelés Dunes, qui protègent la partie basse du pays contre les invasions de la mer. A l'extrémité ouest de ces monticules on aperçoit le Blanc-Nez que surmontent les Noires-Mottes (1).

Du côté du sud, on entre en ville par la porte Royale ; du côté de la mer, on entre par la porte du Havre. Ces portes sont fermées le soir et ouvertes le matin.

La citadelle n'est séparée de la ville que par l'esplanade. Au milieu s'élève l'arsenal, somptueux édifice. Sur la place d'Armes est le buste du cardinal de Richelieu, sur un pilier élevé (2). L'église, qui a St-Nicolas pour patron, a le titre de paroisse.

Le Courgain, au nord-est de la ville, dans un bastion, « où il y a plusieurs petites rues fort étroites », compte environ 300 familles de matelots.

Le fort Nieulay, reconstruit en 1680, est un des plus réguliers qui soient dans le royaume. On y remarque l'église paroissiale de St-Louis.

II

En entrant par la porte du Havre et en suivant la rue du même nom, on arrive sur la place du marché où l'on voit le

---

(1) « Les *Noires-Mottes* sont ainsi nommées d'après leur forme et leur couleur, et elles servent aux marins d'amers ou de point d'alignement. Le plus haut de ces mamelons est élevé d'environ 180 mètres au dessus de la basse mer. Le contour apparent de l'une des *Noires-Mottes*, vu de Sangatte par un temps sombre et pluvieux d'octobre, dessine en grand sur le ciel le profil du sein d'une jeune négresse ; les autres mamelons sont profilés de même, mais sans bouton. » Allent. Appendice à l'*Essai sur les reconnaissances militaires*. (Extrait du Mémorial du dépôt de la guerre). Paris, 1829.

(2) Ce buste fut renversé en 1793. On le retrouva plus tard dans un des magasins de la Citadelle. En 1818, la municipalité de Calais le fit placer devant l'hôtel-de-ville. On voulut lui donner pour pendant le buste du duc de Guise, le libérateur de Calais. Mais par suite d'un singulier quiproquo, c'est le buste d'Henri de Guise, le fils, lequel n'eut jamais rien à faire avec Calais, au lieu de celui de François de Guise, le père, qui fut érigé. Il s'en suit que l'inscription placée au-dessous de ce buste est un non sens, puisque le buste exposé à nos regards n'est réellement pas celui de François de Guise.

beffroi avec l'horloge de la ville, le tout surmonté d'une flèche à jour construite en 1609, Claude Monet étant mayeur. A côté se trouve la tour du guet, qui a été réparée en 1606. Au milieu de la place, il y a une croix de pierre édifiée en 1643 (1).

Derrière la maison commune, au coin de la rue de Guise, se trouve la prison. Au bout de cette même rue de Guise, on aperçoit la porte d'entrée du célèbre édifice qu'on appelle hôtel de Guise. Dans cette rue encore, se trouve le Couvent des Dominicaines.

Derrière la tour du guet, remarquez, dans la rue qui leur doit son nom, les étaux des Bouchers.

Allons par la rue Cardinale, qui fait suite à la rue des Boucheries, prendre la rue de la Rivière et arrêtons-nous devant l'église paroissiale, beau spécimen de l'architecture anglaise. A côté se trouve le cimetière.

Derrière l'église, le long du Rempart, nous pouvons voir le jeu de paume de Jacques Davesnes (2), et à côté le jardin des Arquebusiers. Remarquons les deux moulins qui se trouvent sur la plate-forme au nord-est.

Revenons par la rue de Thermes. Traversons de nouveau la place et entrons dans la rue de Lorraine, qui nous conduira à l'Esplanade.

Prenons la rue Royale, où nous verrons l'Hôpital et le couvent des Bénédictines ; pénétrons à droite dans la rue des Capucins, où ces bons religieux ont leur monastère ; revenons sur nos pas et, avec votre permission, nous irons visiter les Minimes, dans la rue à laquelle ils ont donné leur nom.

(1) Cette croix a été démolie en 1765.
(2) La paume a été, pendant longtemps, le jeu d'exercice véritablement national du peuple de France et surtout de la bourgeoisie des villes. On cite plusieurs de nos rois comme ayant été les plus forts « paumiers » de leurs temps. « S'il ne montoit à cheval, nous dit Brantôme de Henri II, il jouoit à la paume et très bien. » Le jeu de paume a pris ce nom du creux de la main dont on se servait à l'origine pour lancer la balle. Délaissé de plus en plus depuis la Révolution, le jeu de paume n'a repris faveur que dans ces dernières années, où nous l'avons vu, un peu altéré, il est vrai, redevenir à la mode sous un nom exotique et servir de passe-temps aux classes oisives. Le « lawn-tennis », en effet, comme l'indiquent les deux mots, « tennis », paume, et « lawn », gazon, n'est pas autre chose qu'une variété de l'exercice favori de nos pères, et les anglais l'ont ainsi nommé parce que c'est sur une pelouse qu'ils se livrent d'ordinaire à ce divertissement.

Passons maintenant dans la rue Diane, qui nous rappelle le souvenir de la belle Diane de Poitiers. A l'extrémité de cette rue, nous prendrons la rue Française, au bout de laquelle, vers l'Esplanade, nous trouverons la fameuse cour Marcadé.

III

Maintenant, si nous voulons nous restaurer, nous avons le choix des hôtelleries : le *Dragon*, les *Armes d'Ecosse*, la *Sirène*, le *Point du Jour*, le *Mortier d'Or*, etc., nous ouvrent leurs portes. Entrons... Dans la vaste cuisine où flambe un bon feu de bois, on prépare le dîner. La crémaillère, la pelle, les pincettes, les chenets, les chandeliers d'airain, les plats d'étain, tout brille, tout étincelle de propreté.

Voulez-vous du tabac (1), vous en trouverez chez M. Minet, sur la place du Marché. Avez-vous besoin de papier, de plumes, d'encre, de cire à cacheter? Allez chez Madame Lenfant, libraire.

On file le lin; pas une maison bourgeoise qui n'ait son rouet. Il y a des tisserands qui font d'excellente toile. Aussi les garde-robes sont-elles toutes garnies de beau et bon linge, orgueil des ménagères.

Il y a, à Calais, de nombreux moulins; il y en a non seulement sur le Front nord, mais sur le Front est, sur le Front sud et aussi sur le rempart de la Citadelle, ainsi que sur la plate-forme de l'ancien château. Il y en a même en ville (2).

Les brasseurs ne manquent pas non plus. Voulez-vous goûter la bière de Calais? Entrons dans ce cabaret. Le patron

---

(1) L'introduction de la culture du tabac, dans l'Artois, date de l'année 1620. Au XVIIe siècle, la préparation du tabac était, à St-Omer, l'objet d'une industrie importante. A Calais, la maison Minet fournissait cette denrée à toute la contrée environnante. Voyez : *Isaac Minet's Narrative*. Proceedings of the huguenot Society of London, vol. 2, n° 3.

(2) « Et afin que lesdits habitants aient moien de faire moudre leur bled plus commodément et sans s'éloigner de la ville, nous leur faisons ci-après accommoder des moulins, tant dedans la ville qu'ailleurs. » Charte des privilèges accordés à la ville de Calais par François II en 1559.

vient d'en recevoir une gonne (1) qu'il a mise en perce ce matin. Cette bière est saine et naturelle. Elle est fabriquée avec le grain et le houblon du pays (2). Les brasseurs vont chercher l'eau aux fontaines des environs de la ville, à l'aide d'un énorme tonneau qu'on appelle *bacu* (3).

Nos harengs saurs sont renommés. On les prépare dans les *coresses* (4) établies en différents endroits de la ville. Ils font l'objet d'un important commerce d'exportation.

Calais est l'entrepôt des marchandises des manufactures de France. Cette ville fait le commerce avec l'Angleterre et la Hollande. La Picardie, l'Artois et quelques parties de la Flandre viennent s'y approvisionner de vins, d'eau-de-vie, d'épiceries, de sucre, de café, de thé, de sels, d'indigo.

Les lins, les colzats, la linuise (5) y sont aussi un très grand objet de commerce. Le thé, que les négociants de Calais tirent de la Compagnie des Indes, fait partie de leur commerce avec les Anglais.

Il y a à Calais deux marchés hebdomadaires : l'un qui se tient le mercredi et l'autre le samedi, avec deux foires franches par an, la première commençant le lendemain de la fête des Rois, et la deuxième le quinzième jour du mois de juillet. Ces foires se tiennent hors de la ville et durent huit jours chacune.

---

(1) La *Gonne*, mesure de capacité pour la bière, encore usitée dans le langage courant des brasseurs et des cabaretiers, était égale au sixième de tonneau et contenait 160 pintes de Paris, ou 80 pots, soit 1 hectolitre, 49,01.

(2) Il y avait alors de nombreuses houblonnières dans le Calaisis, notamment à St-Tricat.

(3) « Un camion, un bacu, un entonnoir. » Inventaire d'un brasseur de Calais, XVIIe siècle. Jusqu'en 1860, les Calaisiens ont pu voir, chaque matin, les marchands d'eau arriver en ville avec leurs « bacus ».

(4) *Coresse*, magasin où l'on fait saurer les harengs à Calais et à Dunkerque. Guérin, *Dict. des dict.* Le mot est ancien (voir Miraumont) et d'un usage général à Calais.

(5) *Linuise*, graine de lin. Mot généralement usité jusqu'au XVIIe siècle et conservé dans notre patois. — *Linusa* (Du Cange).

Cette ville possède une justice consulaire qui connaît des contestations relatives au commerce. Son établissement remonte à l'année 1566.

IV

Calais est une place de guerre munie de bonnes fortifications. Elle possède une forte garnison dont une partie loge en ville. Chaque maison possède une « chambre à soldats ».

Le nombre de feux de la ville et du Courgain est d'environ 1.300 pour 6.000 habitants. On compte 36 rues (1).

L'intérieur de la ville offre un aspect pittoresque et varié. Les maisons présentent leurs pignons aigus à la rue. Sur la façade, l'enseigne projette sa tige de fer avec son tableau ou son massif emblème. La maison empiétant le plus qu'elle peut sur la rue, l'escalier y place ses premières marches ; à côté se trouve l'entrée de la cave en saillie. Parfois un banc, défendu par de grosses bornes, s'appuie contre le mur. Pas de trottoirs (2). Entre le ruisseau qui occupe le milieu de la rue et les maisons, le passant doit marcher en équilibre sur des pavés inégaux, éviter les marches saillantes, les caves béantes… S'il passe une voiture ou une charrette à bras, il faut

(1) Les rues de Calais, en 1682, portaient les noms suivants que j'ai pu rétablir à l'aide de divers documents : rue de Lorraine (aujourd'hui de la Cloche ; du Pélerin (auj. des Pélerins) ; ruelle tenant vers le rempart (auj. rue des Cinq-Boulets) ; rue du Port (a conservé ce nom) ; du Paradis (id.) ; Thony (auj. de Thonis) ; Maréchal (auj. du Soleil) ; de la Mer (a conservé ce nom) ; du Havre (id.) ; Maistre Raymond (auj. de la Tête-d'Or) ; de l'Ange (auj. de l'Étoile) ; de la Poissonnerie (a conservé ce nom) ; d'Andelot (auj. Courtenveau) ; des Mariniers (a conservé ce nom) ; St-Nicolas (id.) ; de la Harpe (id.) ; de la Calandre (auj. du Lion-Rouge) ; de la Rivière (dont une partie a conservé ce nom et une partie s'appelle de Croy) ; d'Orléans (auj. Eustache-de-St-Pierre) ; d'Angoulème (auj. des Prêtres) ; d'Écosse et des Deux-Moulins (auj. Berthois) ; du Roule (a conservé ce nom) ; rue sans nom (auj. du Hazard) ; des Capucins (auj. de la Douane) ; des Minimes (auj. Leveux) ; Diane (auj. Royale) ; de Guise (a conservé ce nom) ; Ste-Catherine (auj. de l'Amiral-Courbet) ; St-Michel (a conservé ce nom) ; St-Denis (a conservé ce nom) ; Françoise (dont une partie a conservé ce nom et une partie s'appelle des Maréchaux) ; Royale (auj. de la Citadelle) ; des Boucheries (a conservé ce nom) ; Cardinale (auj. Notre-Dame).

(2) C'est en 1818 qu'on a établi, à Calais, les premiers trottoirs.

qu'il s'abrite derrière une borne pour ne pas être écrasé. La plupart des rues ne semblent pas faites pour y circuler, mais pour y demeurer. Pour s'y hasarder le soir, il faut être pourvu d'un falot.

Les classes aisées se chauffent généralement au feu de bois. Les petits bourgeois, les simples artisans, brûlent des tourbes que l'on extrait en grande quantité dans les marais des environs (1).

Comme éclairage on emploie la chandelle de suif. Je vous recommande celles que fabrique Cornille Saint-Yves, maître chandelier en cette ville.

Les Calaisiens ont le privilège de garder la ville par eux-mêmes. Ils forment une garde bourgeoise dont l'uniforme consiste en un habit écarlate, avec plumet blanc, des bas de soie blancs et les armes ordinaires des gardes.

V

La population de Calais est en majorité, catholique. Le curé de l'église Notre-Dame est M⁰ André Ponthon, bachelier en théologie.

Il y a deux communautés religieuses d'hommes : les Capucins et les Minimes. Il y a deux couvents de femmes : les Dominicaines et les Bénédictines.

On compte en cette ville une centaine de familles huguenotes qui se rendent au temple de Guînes pour les exercices de leur culte. Un ministre protestant réside à Calais : c'est M. Simon de Vaux (2).

Les sévérités contre les Huguenots commencent à se faire sentir. Le clergé semble préparer les esprits à applaudir à l'usage de la force pour ramener les errants.

Mgr de Breteuil, nouvellement sacré évêque de Boulogne, s'est empressé de venir à Calais, « la Babylone de son diocèse », où il était dès les premiers jours de mai.

---

(1) « Il sera pris une bûche ou un fagot de chaque chartée de gros bois et fagots, et une tourbe sur chaque cent de tourbes qui entre en ville, tant par la porte Royale que celle du Havre ». — Règlement du 10 Janvier 1662.

(2) Sur les Huguenots de Calais, voir : *Registers of the Church at Guisnes*, 1668-1685 ; *The Huguenot family of Minet* ; mes *Tablettes Historiques du Calaisis*.

Le 17 octobre, « suivant l'arrêt de sa Majesté, que M. le procureur du Roy a fait mettre en exécution », on baptise à l'église catholique, « avec les cérémonies ordinaires », un enfant illégitime dont les père et mère sont « tous deux de la religion prétendue réformée (1) ».

Il y a, à Calais, des écoles où les enfants apprennent à lire, à écrire et à calculer. Il y a aussi un collège où l'on montre à la jeunesse la langue latine et « spécialement ce qui est de l'humanité... jusqu'à la dialectique ».

Calais possède un hôpital où l'on recueille « les pauvres orphelins et orphelines restés sans moyen de subsistance, les veuves sans ressources, et généralement les vieillards ou malades ». L'administration de cette maison hospitalière est confiée à une commission de « douze personnes de probité » que l'on appelle *Chambre des Pauvres*.

VI

Voici l'état militaire de la ville de Calais :

M. le duc de Charost, gouverneur ;

M. Charles de Calonne, marquis de Courtebourne, lieutenant de Roy ;

M. Armand de St-Lo, major ;

M. d'Ardicamps, aide-major et capitaine des portes.

Voici l'état civil :

M. François de Thosse, conseiller du Roy, président et juge général de la Justice de Calais et pays Reconquis ;

M. Charles Abot de Bourgneuf, lieutenant ;

M. Pierre Cotté, procureur général du Roy.

Le mayeur de Calais, en cette année, est M. Jean Bettefort.

M. André Gillon est juge consul (2).

---

(1) Baptêmes de l'église Notre-Dame de Calais, 1681-1688. — Déclaration du Roy du 31 Janvier 1682, portant que les enfants bâtards de la R. P. R. seront élevés en la religion Catholique Apostolique et Romaine.

(2) Je donne l'état civil et militaire de Calais, en 1682, d'après les Annales de Bernard et l'Histoire de Lefebvre.

TABLE

Préface V

Un Voyage à Calais, Guines, Ardres et St-Omer en 1682 . 1

Extract from the Diary of white Kennet........ 13

Appendice : Calais en 1682.................................. 27

ASNIÈRES. — IMPRIMERIE JULES CHEVALLIER, 39, RUE PARMENTIER.

www.ingramcontent.com/pod-product-compliance
Lightning Source LLC
Chambersburg PA
CBHW060507050426
42451CB00009B/865